Alma Flor Ada ● F. Isabel Campoy

MAMBRÚ

ILUSTRADORES

Enrique Martínez
Felipe Dávalos
Isaac Hernández
Fabricio Vanden Broeck
Claudia Legnazzi
Gloria Calderas
Carmen Cardemil

ALFAGUARA

INFANTIL Y JUVENIL

Art Director: Felipe Dávalos
Design: Petra Ediciones
Editor: Norman Duarte

Santillana USA Publishing Company, Inc.
2105 NW 86th Avenue
Miami, FL 33122

Poetry C: *Mambrú*

ISBN: 1-58105-405-X

Printed in Mexico

ILLUSTRATORS

GLORIA CALDERAS: pp. 24-27
CARMEN CARDEMIL: pp. 28-32
FELIPE DÁVALOS: pp. 8
ISAAC HERNÁNDEZ: pp. 10-13
CLAUDIA LEGNAZZI: pp. 20-23
ENRIQUE MARTÍNEZ: cover, pp. 6, 7 y 9
FABRICIO VANDEN BROECK: pp. 14-19

ACKNOWLEDGEMENTS

JOSÉ ANTONIO DÁVILA: "Lo que más vale," "Lección," and "La cebolla"
from *La poesía del niño* compiled by Isabel Freire de Matos. Copyright
©1993, Instituto de Cultura Puertorriqueña. Permission to use these
works is pending.
ALICIA BARRETO DE CORRO: "Sorpresa," "¡Cómo trabajas!," "Los
peces," and "¿Caminan?" from *Viaje de la hormiga*. Copyright ©
Gráficas Los Morros. Reprinted by permission of the author.
JUAN BAUTISTA GROSSO: "Amor infantil" and "Mi Hermosa casa" from
Reír cantando. Copyright ©1954, Hachette. "Los pescadores" from
La poesía y el niño compiled by Isabel Freire de Matos. Copyright
©1993, Instituto de Cultura Puertorriqueña. Permission to use these
works is pending.
FRANCISCO GABILONDO: "La patita" and "El chorrito" from *Cancionero
Mexicano* compiled by Luisa Valdivia. Copyright ©1988 Consejo
Nacional de Fomento Educativo. Reprinted by permission of María
Teresa Gallegos Venegas.
ANGELA FIGUERA AYMERICH: "Jugando" and "El pirata piratón" from
Cuentos tontos para niños by Angela Figuera Aymerich. Copyright
©1985, Editorial Trillas. Reprinted by permission of Editorial Trillas.
"El río y los pájaros" from *Canciones para todo el año* by Angela
Figuera Aymerich. Copyright ©1984, Editorial Trillas. Permission
to use this work is pending.

A las hermanas Alma y Mireya Lafuente,
fuente de inspiración
para siempre volver a empezar.

Índice

Latinos

De todas partes

F. Isabel Campoy

Vivimos en los Estados Unidos.
Venimos de América del Norte,
Centroamérica y América del Sur.
Nacimos en islas y desiertos.
En Chicago y en Nueva York.
Somos de todas las razas
y de cualquier color,
pero nuestras abuelas
hablan español.
Somos bilingües.
Valemos por dos.

Alma Flor Ada

Es una autora cubana
que ha escrito muchos, muchos libros
para niños.
Su nombre parece de cuento de hadas.
Se llama Alma como su madre,
Flor como su hermana
y Ada es el apellido de su papá.

Tiene cuatro hijos
y siete nietos.
Alma Flor es profesora
de la Universidad de San Francisco.

Le encanta el agua, para beberla,
y para nadar.

Para Alma Flor Ada

F. Isabel Campoy

A ti, la poesía te visita
como lo hacen los buenos amigos,
a cualquier hora,
y sin avisar.
Y tu risa
cuelga de los árboles
que rodean tu casa,
animando a vivir
a cuantos pasan.

Tu voz es un abrazo de esperanza.
Tus pasos, el camino hacia la paz.

Caracol

Alma Flor Ada

Caracol, caracol,
en la arena,
bajo el sol.
Bajo el sol,
sobre la ola,
caracol a toda, hora.
A toda hora, caracol,
nacarado
bajo el sol.
Bajo el sol,
bajo la luna,
caracol hecho de espuma.

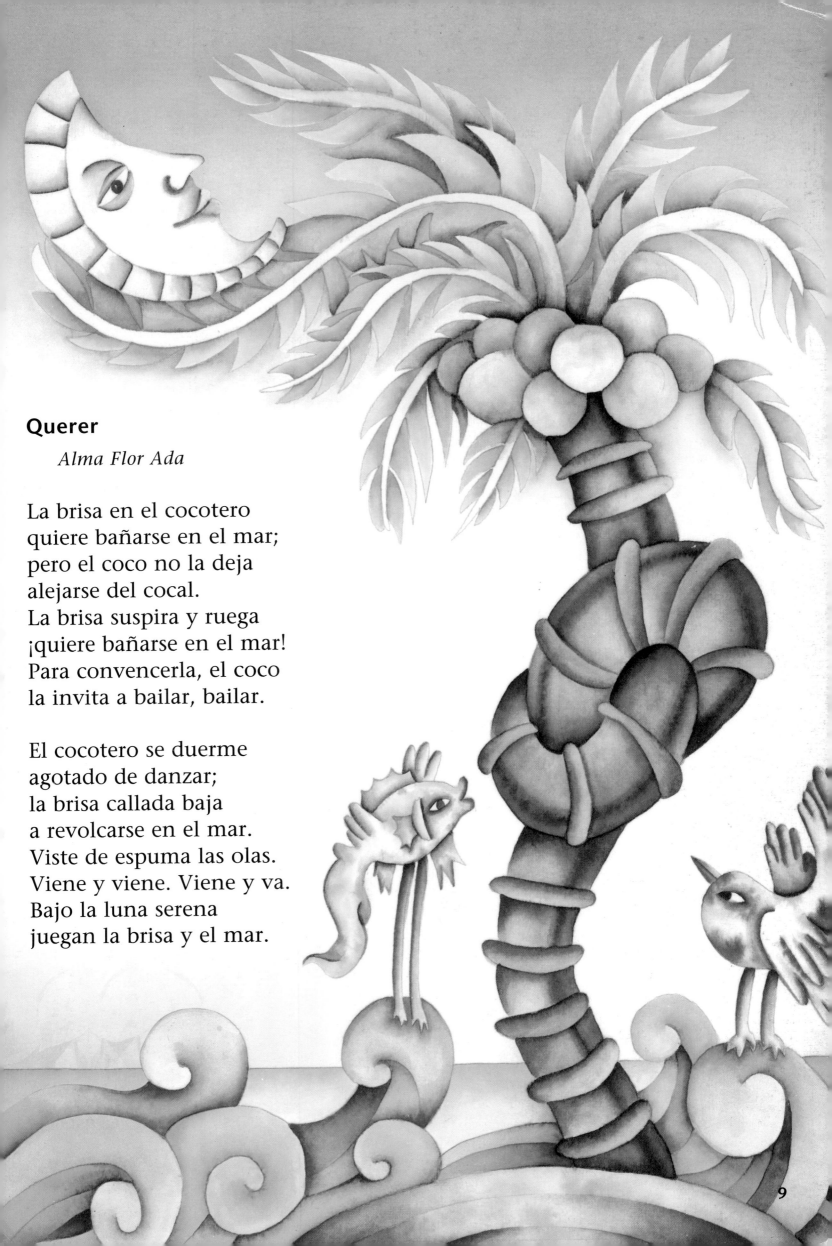

Querer

Alma Flor Ada

La brisa en el cocotero
quiere bañarse en el mar;
pero el coco no la deja
alejarse del cocal.
La brisa suspira y ruega
¡quiere bañarse en el mar!
Para convencerla, el coco
la invita a bailar, bailar.

El cocotero se duerme
agotado de danzar;
la brisa callada baja
a revolcarse en el mar.
Viste de espuma las olas.
Viene y viene. Viene y va.
Bajo la luna serena
juegan la brisa y el mar.

Puerto Rico

La voz de Puerto Rico

F. Isabel Campoy

La voz de Puerto Rico
es sonora
y se la oye
a toda hora.

La voz de Puerto Rico
es fuerte
y se la tiene
presente.

La voz de Puerto Rico
es fuerte,
sonora
y constante,
como el coquí.

José Antonio Dávila

Este poeta puertorriqueño
escribió un precioso libro de poemas
titulado *Almacén de baratijas*, que dedicó
a una sobrinita suya quien le inspiró
los versos. Algunos de sus poemas están basados
en leyendas históricas como la del
pirata Cofresí.
Es hijo de otro gran poeta, Virgilio Dávila,
quien escribió poemas de temas campesinos
muy apreciados por los puertorriqueños.

A José Antonio Dávila

F. Isabel Campoy

Pirata del campo,
que en tus cofres guardas
un millón de estrellas,
déjame sentarme
bajo el cielo de tu imaginación,
y allí cuéntame un cuento,
solos tú y yo.

Lo que más vale

José Antonio Dávila

Nadie puede vivir
sin el sol, sin el aire
y sin el agua.
Siendo lo que más vale,
nada nos cuestan:
Dios los regala.

Lección

José Antonio Dávila

Yo quisiera
aprender una cosa:
Cómo hacer con las manos
un pétalo de rosa.

La cebolla

José Antonio Dávila

Mi señora la cebolla,
tiene miedo a un catarrón,
pues se pone un camisón,
después de otro camisón,
después de otro camisón...

Y así sigue como el cuento
del señor Gallo Pelón.

13

Venezuela

País azul

Alma Flor Ada
F. Isabel Campoy

País azul,
en el agua de tus mares.

País verde,
en el corazón de tus bosques.

País hermoso,
de pájaros de mil colores.

Alicia Barreto de Corro

Es una escritora que mira al mundo
con ojos de maravilla y de juego,
y luego quiere contárselo a todos los niños.
Sus hijos Leoncio y Leonardo fueron siempre
sus mejores lectores.
Ellos fueron también quienes ilustraron su
primer libro de poemas titulado *Viaje de la
hormiga*. Otro hermoso libro suyo se titula
Dice la negra Hipólita.

Para Alicia Barreto de Corro

F. Isabel Campoy

Alicia,
creadora de países
donde viven las hormigas
muy requetefelices.

Alicia,
llévanos contigo
al lugar donde tu imaginación
crea la risa y la ilusión.

Y mándanos tu dirección
en el país de las maravillas.

Sorpresa

Alicia Barreto de Corro

¡Una hoja caminando!
No, no, una hormiga
la va cargando.

16

¡Cómo trabajas!

Alicia Barreto de Corro

Hormiga,
trabajas de noche,
trabajas de día.
¿De dónde sacas
tanta energía?

Los peces

Alicia Barreto de Corro

Los peces
no tienen frío,
ellos se arropan
con agua del río.

¿Caminan?

Alicia Barreto de Corro

¿Cómo las nubes
caminan
sin tener pie?

Argentina

Al sur, muy al sur

Alma Flor Ada

Al sur, muy al sur,
cerca de los hielos de la Antártida,
empiezan tus planicies.

En la ancha Pampa
florece la sombra de un ombú
y a lo lejos corre,
persiguiendo al horizonte, incansable,
un ñandú.

Juan Bautista Grosso

Todos los temas le parecían importantes.
Y escribió breves y simpáticos poemitas
sobre todo tipo de cosas.
Muchos de sus versos le cantan
a su patria, la Argentina.
Publicó sus poemas en el libro *Reír cantando*.

A Juan Bautista Grosso

Alma Flor Ada

En tus poemas
brilla el arco iris,
revolotean mariposas,
saltan grillos,
despiertan a jugar
los osos de peluche
y baila
un gnomo saltarín.

21

Amor infantil

Juan Bautista Grosso

Mi abuelito es un ensueño,
mi abuelita una canción,
y mis tíos y mis primos
son trocitos de mi amor.

Mi hermosa casa

Juan Bautista Grosso

En un caminito verde
yo tengo una casa hermosa,
donde cantan los jilgueros
y vuelan las mariposas.

Los pescadores

Juan Bautista Grosso

De madrugada
los pescadores,
en sus barquitos
van a la mar.
Llevan sus redes
y sus canciones
los aguerridos
lobos de mar.

Cuando anochece
llegan al puerto,
vienen cargados
con su manjar.
Corvinas negras,
lisas y rayas,
ostras, merluzas
y mucho más.

Cuando la noche
besa las casas
de la sencilla
gente de mar,
la brisa canta
en las barquitas,
la barcarola
del verde mar.

LA REINA DEL PLATA

México

Hoy en el futuro

Alma Flor Ada

México verde.
México seco.
México mar.
México desierto.
México alegre en la piñata.
México sentimental en la guitarra.

México indígena,
    español y mestizo.
México con raíces
en el ayer más profundo.
México creando
    en el hoy
    y el futuro.

Francisco José Gabilondo Soler

A Francisco Gabilondo Soler
los niños lo conocen como
"el Grillito Cri-Cri".

Por muchos años tuvo en México
un programa para niños que se oía en toda
Hispanoamérica. Todos los niños de entonces
amaban su voz, sus poemas, sus cuentos
y sus canciones. Con él muchos empezamos
a escribir poesía cuando aún éramos niños.

¡Qué bien que ahora los niños
también pueden oírlo a través de las
grabaciones que nos dejó!

A Francisco José Gabilondo Soler
Alma Flor Ada

Canta el grillito cantor
en la radio su Cri-Cri
y los niños escuchamos
tu cantar todo color.

Tu cantar todo color
es cuento y es poesía
y das lecciones de vida
Cri-Cri grillito cantor.

Cri-Cri grillito cantor
que iluminaste mi infancia
te envío un abrazo y un beso
en las ondas del amor.

25

La patita

Francisco Gabilondo Soler

La patita,
de canasta y con rebozo de bolita,
va al mercado
a comprar todas las cosas del mandado,
se va meneando al caminar
como los barcos en altamar.

La patita,
va corriendo y buscando en su bolsita
centavitos para darles de comer
a sus patitos,
porque ya sabe que al regresar
toditos ellos preguntarán:
¿Qué me trajiste, mamá cuacuá?
¿Qué me trajiste, cuaracuacuá?

El chorrito

Francisco Gabilondo Soler

La gota de agua que da la nube
como regalo para la flor,
en vapor se desvanece
cuando se levanta el sol.

Y nuevamente al cielo sube
hasta la nube que la soltó;
la gotita sube y baja, baja y sube
al compás de esta canción.

Allá en la fuente
había un chorrito,
se hacía grandote,
se hacía chiquito;
estaba de mal humor,
pobre chorrito, tenía calor.

España

En un barco de madera

F. Isabel Campoy

España es un país
que no quiso
tener fronteras
y un día se echó a la mar
en un barco de madera.
En ese barco vino mi lengua,
mi abuelo y su esperanza
a manos llenas.

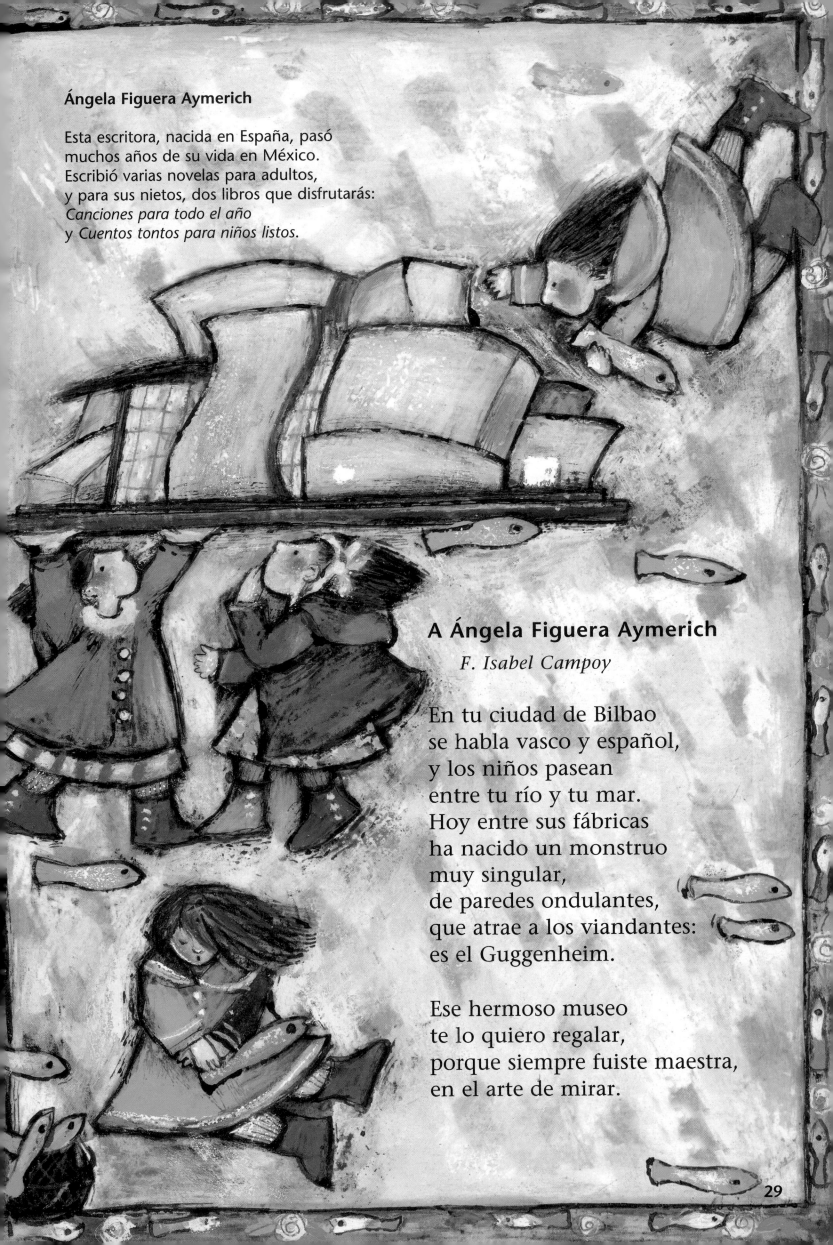

Ángela Figuera Aymerich

Esta escritora, nacida en España, pasó
muchos años de su vida en México.
Escribió varias novelas para adultos,
y para sus nietos, dos libros que disfrutarás:
Canciones para todo el año
y *Cuentos tontos para niños listos*.

A Ángela Figuera Aymerich

F. Isabel Campoy

En tu ciudad de Bilbao
se habla vasco y español,
y los niños pasean
entre tu río y tu mar.
Hoy entre sus fábricas
ha nacido un monstruo
muy singular,
de paredes ondulantes,
que atrae a los viandantes:
es el Guggenheim.

Ese hermoso museo
te lo quiero regalar,
porque siempre fuiste maestra,
en el arte de mirar.

29

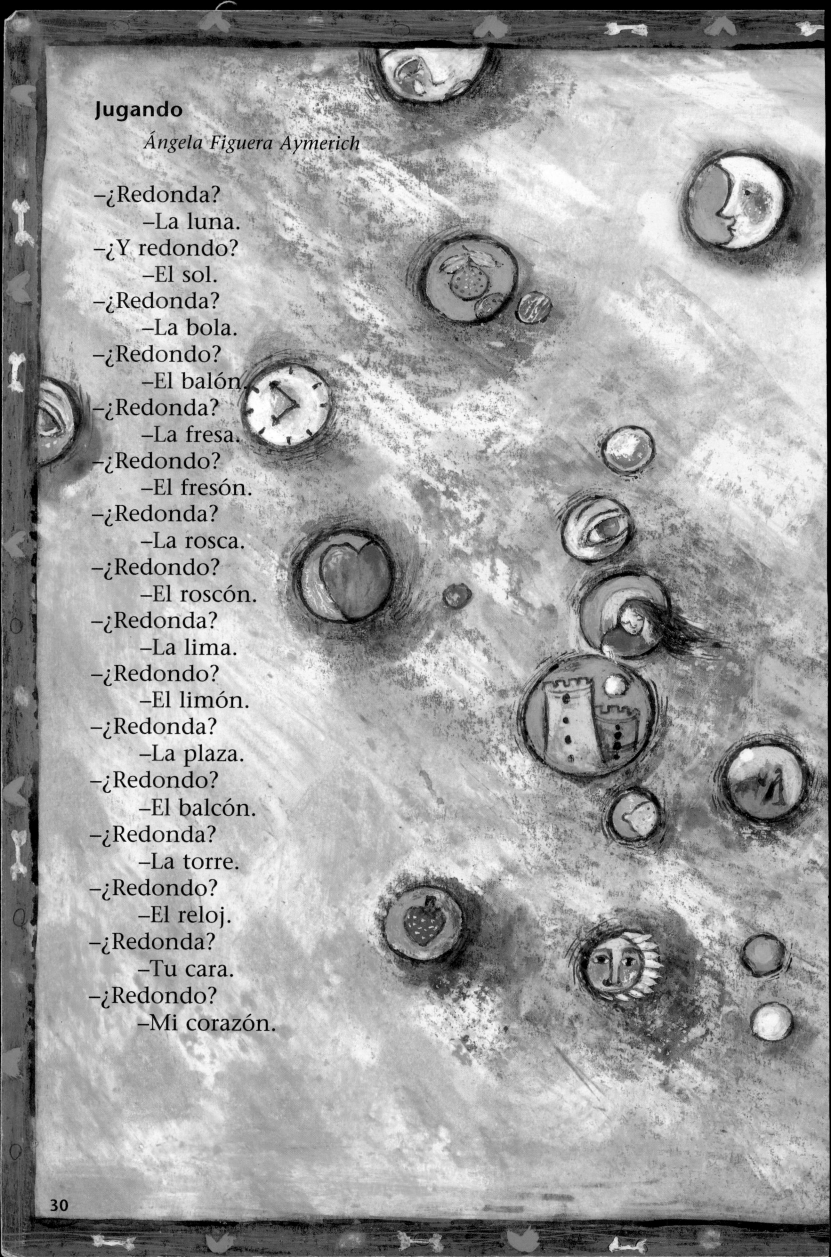

Jugando

Ángela Figuera Aymerich

–¿Redonda?
    –La luna.
–¿Y redondo?
    –El sol.
–¿Redonda?
    –La bola.
–¿Redondo?
    –El balón.
–¿Redonda?
    –La fresa.
–¿Redondo?
    –El fresón.
–¿Redonda?
    –La rosca.
–¿Redondo?
    –El roscón.
–¿Redonda?
    –La lima.
–¿Redondo?
    –El limón.
–¿Redonda?
    –La plaza.
–¿Redondo?
    –El balcón.
–¿Redonda?
    –La torre.
–¿Redondo?
    –El reloj.
–¿Redonda?
    –Tu cara.
–¿Redondo?
    –Mi corazón.

El pirata piratón

Ángela Figuera Aymerich

En todo el mundo, no creo
que hubo un pirata más feo.
Le faltaba media oreja,
siete dientes y una ceja.
Estaba tuerto de un ojo;
el otro se le torcía,
y era tan cojo, tan cojo,
y era tan malo, tan malo,
que tenía... –¿Qué tenía?
¡Las cuatro patas de palo!

El río y los pájaros

Ángela Figuera Aymerich

El río tenía peces
–oro y plata en sus remansos–
el río tenía peces
pero él deseaba pájaros...

Sus ojos verdes, de agua,
miraban siempre a lo alto.

¡Qué envidia siente del aire
cosido por vuelos raudos,
acribillado de picos,
estremecido de cantos...!

El río tenía peces.
Pero él deseaba pájaros.